ALFRED DE VIGNY

EN COURS DE PUBLICATION

CHEZ LE MÊME LIBRAIRE

MÉMOIRES DE NINON DE LENCLOS

PAR EUGÈNE DE MIRECOURT

60 livraisons à 25 centimes, avec gravures
18 fr. l'ouvrage complet par la poste.

OUVRAGE TERMINÉ

CONFESSIONS DE MARION DELORME

PAR EUGÈNE DE MIRECOURT

60 livraisons à 25 centimes, avec gravures.
18 fr. l'ouvrage complet par la poste.

PARIS. — IMP. SIMON RAÇON ET COMP., RUE D'ERFURTH, 1.

Carey sc

ALFRED DE VIGNY

Publié par G. HAVARD   Hadengue Imp r du Fieur S. G. 63. Paris.

LES CONTEMPORAINS

ALFRED DE VIGNY

PAR

EUGÈNE DE MIRECOURT

PARIS
GUSTAVE HAVARD ÉDITEUR
15, RUE GUÉNÉGAUD, 15
L'Auteur et l'Éditeur se réservent tout droit de reproduction.
1856

ALFRED DE VIGNY

Enfin nous sommes en présence d'un poëte, qui n'a point embourbé dans l'ornière politique sa noble indépendance, et qui passe dédaigneusement sous l'arbre de l'ambition sans cueillir un seul de ses fruits d'or, si éclatants, si enviés de la foule, si doux aux lèvres, si amers au cœur.

Le comte Alfred de Vigny, comme beaucoup de nos illustres, n'a pas été piqué de la tarentule.

Il comprend qu'on ne dresse jamais à un homme un double piédestal, et que le public jaloux se montre souvent offusqué de l'éclat d'une première auréole, preuve évidente qu'il y a folie à en demander une seconde.

Depuis Aristide, qu'Athènes s'ennuyait d'entendre nommer *le Juste*, jusqu'à Lamartine frappé d'ostracisme par nos bourgeois ingrats, les pages historiques témoignent pour nous.

Donc, Alfred de Vigny n'est pas seulement un grand poëte, c'est un sage.

Né à Loches, le 27 mars 1799, il vit le dix-huitième siècle à son déclin, et salua le dix-neuvième, où son génie allait tracer un sillon radieux.

Son père, ancien officier de cavalerie, s'était distingué dans la guerre de sept ans.

Alfred fut bercé au récit de ses campagnes. Il savait le nombre des glorieuses blessures du soldat de Louis XV, et l'un des jeux favoris de son enfance était de faire rouler entre ses doigts une balle que les chirurgiens avaient oublié d'extraire du genou paternel.

Aux heures les plus sanglantes de la Révolution, le père et la mère d'Alfred de Vigny ne s'étaient point décidés à fuir. Ses oncles seuls émigrèrent et prirent du service dans l'armée de Condé.

L'un d'eux, Hilaire de Vigny, revenant de l'exil à la suite des Bourbons, et apprenant qu'une jeune personne avec laquelle il devait s'unir était morte en son absence, fut saisi d'une douleur si vive qu'il renonça au monde et à la cour pour aller s'ensevelir dans la retraite.

Cet autre de Rancé pleura sous le froc monacal un amour perdu.

Il écrivit à la famille qu'on pouvait partager ses biens terrestres, et ne tarda pas à descendre dans la fosse que sa bêche de trappiste avait creusée.

La mère de notre poëte était fille de

l'amiral de Baraudin, et cousine du grand navigateur qui chercha les traces de l'infortuné La Peyrouse [1].

Femme charmante et douée d'une beauté de reine, elle joignait aux attraits extérieurs les dons les plus riches de l'intelligence, les qualités de l'âme les plus douces. Elle éleva son fils, non pas au château du Tronchet, comme l'affirment certains biographes [2], mais à Paris même, au faubourg Saint-Honoré, que l'auteur de *Cinq-Mars* habite encore.

Externe à l'institution de M. Hix, Al-

[1] Le baron de Bougainville.
[2] On n'allait passer à ce château, situé dans la Beauce, que les deux mois des vacances, septembre et octobre.

fred en devint bientôt le plus brillant élève.

Il se livrait à l'étude avec une constance infatigable et ne cessait un travail que pour en commencer un autre.

Tous les jours, à la sortie de l'institution, il trouvait un répétiteur qui l'attendait chez sa mère. On ne quittait les livres que fort avant dans la nuit. Ce fut de la sorte que notre héros contracta sa chère habitude du travail nocturne, que rien jusqu'ici n'a pu lui faire perdre.

« Il se recueille, — pour lui emprunter une de ses belles et poétiques expressions, — dans le silence adoré des heures noires. »

— La nécessité d'un long sommeil, dit M. de Vigny, est un paradoxe inventé par les sots qui n'ont rien à dire et les paresseux qui n'ont rien à faire. Trop dormir n'est-ce pas se voler soi-même et dérober à la vie des instants précieux ?

A douze ans, le jeune élève était un véritable puits de science. Il s'indignait, au lycée, de la marche trop lente des études.

— Mais, s'écriait-il, faites-moi donc traduire la *Vie d'Agricola!* faites-moi donc traduire tout Tacite !

La fièvre du savoir le dévorait.

Au milieu de ce continuel labeur sa santé ne tarda pas à subir une altération visible, et la famille s'éleva contre madame de Vigny, qui ne jugeait pas à propos de modérer l'empressement qu'Alfred avait de s'instruire.

— Eh! s'écriait une vieille tante, vous nous tuez cet enfant-là!

— Que voulez-vous? répondait la comtesse d'un air triste : je sais bien que l'excès du travail amaigrit son corps et pâlit ses joues; mais il faut aujourd'hui qu'un homme sache tout à dix-sept ans; car, après cet âge, la guerre l'enlève à l'étude, et nous le prend, hélas! à nous-mêmes.

Alfred s'occupait avec l'abbé Gaillard, son répétiteur, non-seulement de ce qu'on enseignait au lycée, mais encore de tout ce qu'on n'y enseignait pas ou de ce qu'on y enseignait mal [1]. Nous

[1] Pour les arts d'agrément, on lui donna les meilleurs maîtres. Il eut pour professeur de dessin Girodet-Trioson, le peintre illustre.

voulons parler de la géographie, de l'histoire et des langues vivantes.

Comme il savait toujours à l'avance et fort bien les matières qu'on allait traiter pendant la classe, beaucoup d'élèves, plus âgés que lui, le cajolaient à son arrivée et le suppliaient de faire leurs devoirs.

Il s'exécuta d'abord de très-grand cœur.

Mais le nombre des camarades qui réclamaient son aide augmenta dans une proportion telle, que sa complaisance devint une fatigue.

— Allez-vous promener ! leur dit-il. Est-ce que je puis travailler pour toute la classe ?

Nos drôles, voyant l'inutilité de leurs instances, eurent recours à des moyens violents. Chaque matin, ils s'emparaient du déjeuner de leur condisciple et s'obstinaient à ne pas le lui rendre, s'il persistait dans son refus.

Pris par la famine, Alfred continua de faire la besogne des ignorants et des paresseux, jusqu'au jour où le professeur, surpris de l'uniformité des devoirs, découvrit les machiavéliques manœuvres dont on rendait victime son meilleur élève.

Il se hâta d'y mettre ordre.

La géographie était la science favorite de notre lycéen. Son imagination déjà fort vive y trouvait une large pâture; il se transportait en esprit d'un pôle à l'autre, franchissant les mers, visitant les coins les plus reculés du globe, et se livrant autour de la mappemonde à d'immenses et fantastiques voyages.

Sur les entrefaites, un de ses oncles, capitaine de vaisseau, revint à Paris, après avoir fait en Chine un assez long séjour.

Alfred écouta le récit de ses excursions avec un intérêt avide.

Il poussa l'enthousiasme pour cet oncle voyageur jusqu'à s'émerveiller de la bizarrerie de ses manières.

Celui-ci ayant vécu dix ans chez les mandarins, avait pris l'habitude des interminables révérences, et laissait à tout propos retomber ses longs bras, pour saluer à la chinoise nos dames françaises.

On destinait Alfred à l'état militaire.

Toutes les traditions de sa race le poussaient à la gloire des armes, et les conquêtes éclatantes de Napoléon n'étaient pas de nature à donner à la jeunesse d'alors des instincts pacifiques. Les professeurs lisaient en chaire les bulletins de la grande armée; lorsque ces bulletins étaient victorieux, il y avait au bout huit jours de vacances.

Jugez de la sympathie des élèves pour l'Empire.

Durant ces congés, ils jouaient à la

guerre et discutaient le choix du corps dans lequel ils voulaient entrer. C'était inévitablement celui qui leur offrait le plus bel uniforme.

La conversation de tous ces bambins était héroïque.

Venait-on leur apprendre qu'un de leurs camarades, un *grand*, sorti depuis peu du lycée, avait eu la tête emportée par un boulet à sa première campagne, la nouvelle était reçue avec stoïcisme. Ils disaient :

« — Ne le plaignons pas, il est mort au champ d'honneur ! »

On devine aisément que ces préoccupations martiales absorbaient tous nos petits cerveaux et les détournaient de l'étude. Les élèves les plus studieux se relâchèrent.

« A la fin de l'Empire, dit M. de Vigny, je fus un lycéen distrait. La guerre était debout dans le lycée, le tambour étouffait à mes oreilles la voix des maîtres, et la voix mystérieuse des livres ne nous parlait qu'un langage froid et pédantesque. Les logarithmes et les tropes n'étaient à nos yeux que des degrés pour monter à l'étoile de la Légion d'Honneur, la plus belle étoile des cieux pour des enfants. »

— Si de Vigny persévère dans sa vocation, répétait souvent M. Hix, il deviendra maréchal de France.

En effet, plus que tous les autres, Alfred rêvait épaulette, shako, plumes flottantes, sabre nu, combats et massacre.

Quelquefois sa mère était épouvantée de son délire.

Mais, songeant qu'après tout rien ne pouvait sauver son fils du métier des armes, pas même le remplacement, elle aima mieux le voir se lancer dans un excès de courage que dans un excès de peur.

Néanmoins, au milieu de ces rêves belliqueux, la muse, qui devait plus tard inspirer le jeune homme, commençait à lui caresser le front du bout de son aile.

Alfred, après une lecture des *Confessions* de saint Augustin, se mit à composer quelques rimes, qui tombèrent sous les yeux de l'abbé Gaillard.

Celui-ci les fit lire à madame de Vigny.

— Est-il vrai, mon enfant, que tu seras poète un jour? demanda la comtesse, en se précipitant tout émue dans les bras de son fils.

— Moi?... pas le moins du monde. Je veux être lancier rouge! répondit notre héros obstiné [1].

On le retira de chez M. Hix, non, comme on l'a dit, pour le guérir de la contagion de la gloire, mais dans le but,

[1] Cependant la nature, malgré lui-même, lui ouvrait les horizons poétiques, et, dès cette époque, il entrevit la nouvelle forme littéraire dont il devait être un des créateurs. Quand ses maîtres lui offraient Delille comme le modèle par excellence, il répondait : «— Allons donc, il y a mieux que cela, beaucoup mieux que cela! »

au contraire, de rendre ses études plus fortes et plus rapides, afin de le présenter aux examens de l'école polytechnique.

Or, survinrent presque aussitôt les événements de 1814.

Alfred de Vigny entrait dans sa seizième année.

Pendant que la fusillade ennemie éclatait aux portes de la capitale, il fut impossible de le retenir à la maison paternelle. En compagnie d'une dizaine de lycéens intrépides, il courut se fourrer au plus chaud de la bataille, portant des cartouches aux élèves des écoles qui faisaient le coup de feu contre les troupes étrangères, et sollicitant comme une grâce d'être employé à la manœuvre du canon.

Mais la vaillance de ces nobles enfants n'empêcha point les lâchetés diplomatiques d'introduire dans nos murs Prussiens et Cosaques.

Les Bourbons rétablis sur le trône créèrent les *compagnies rouges*, sortes de pépinières d'officiers, dont chaque soldat avait le grade de lieutenant de cavalerie.

Par l'influence de quelques membres de sa famille, notre héros entra sur-le-champ dans celle qu'on appelait la compagnie des *Gendarmes de la garde du roi*. Tous les hommes de ce corps montaient des chevaux de la taille de ceux des carabiniers.

On trouvait Alfred de Vigny bien jeune, bien délicat, et d'une taille peu imposante.

Afin de couper court aux objections, il remplit ses bottes de morceaux de liége, le jour où il fut présenté au général.

Il parvint ainsi à se hausser de quelques semelles, et tout alla pour le mieux.

Mais à peine avait-il eu le temps de caracoler cinq ou six fois à la parade avec les bienheureuses compagnies, que le débarquement de l'île d'Elbe vint lui donner son congé.

Vraiment, c'était jouer de malheur, d'autant plus qu'un mois auparavant, il avait eu la jambe démise, par une chute du haut de son grand cheval.

Alfred marchait à peine, quand on vint lui dire que ses camarades se préparaient à escorter le roi jusqu'à la frontière.

Ni parents ni médecins ne purent l'empêcher de rejoindre son corps.

Il arriva comme on faisait l'appel.

Son capitaine, en l'apercevant, courut à lui, et s'efforça de le dissuader de ce voyage.

— Vraiment non, je vous suivrai, répondit le jeune homme. On se battra sans doute, et je veux y être!

A cela que répondre?

L'escorte se mit en marche, entourant le carrosse du roi.

On sait l'histoire de cette fuite à

Gand [1]. Derrière une troupe de jeunes hommes débiles et de vieillards qui avaient coupé leurs ailes de pigeon, marchait, à trois quarts de lieue de distance, la garde impériale, par laquelle on s'attendait à chaque minute à être écrasé.

Mais elle avait tout simplement un ordre de surveillance.

La phalange terrible et moustachue des grognards ne devait pas attaquer le roi Louis XVIII, mais voir seulement s'il quittait bien le territoire français.

[1] Des témoins oculaires, et qui faisaient partie de l'escorte, nous affirment qu'ayant eu besoin de parler à Louis XVIII, ils le virent fondre en larmes dans sa voiture.

Notre royale escorte, malgré l'ennemi qui lui marchait sur les talons, n'avançait pas vite. Il faisait un temps abominable; des averses tombaient du ciel, et tous nos jeunes soldats étaient loin d'être endurcis à la fatigue et aux privations.

Alfred avait ses bottes à l'écuyère entièrement remplies d'eau.

Ce bain à effet continu n'achevait pas la guérison d'une jambe à peine remise.

De plus, il eut à souffrir de la faim, car dans ce triste voyage de Paris à la frontière belge, les repas n'étaient ni fréquents ni bons.

Pourtant, il fut un de ceux qui supportèrent les épreuves avec le plus de courage.

Beaucoup de ses compagnons se livraient au murmure et à la plainte. Quelques-uns, vaincus par la fatigue, tombaient de sommeil ou d'épuisement, et restaient en chemin.

Lors d'une courte halte, un de ces derniers, s'étant couché pour dormir, dans le voisinage d'un arbre, auquel il avait attaché son cheval, ne se réveilla qu'une heure après.

— Eh bien! dit-il, en se frottant les yeux, aux cavaliers qu'il entrevit autour de lui, ne partons-nous pas?

Ses compagnons étaient loin.

Le pauvre enfant se trouvait au beau milieu de la garde impériale, qui faisait halte à son tour, et dont les officiers se promenaient en fumant leur cigare.

Ils pincèrent gentiment les deux joues au petit gendarme du roi, et lui dirent :

— Vous êtes notre prisonnier, mon beau soldat. Allons, soyez bien sage, et retournez chez votre maman !

Le roi continuait sa route avec le reste du cortége.

En passant par Abbeville, la cité picarde, orgueilleuse de son église gothique et de ses manufactures, Alfred, ayant besoin de faire réparer son casque, s'arrête à la porte d'un chapelier.

— Oh ! qu'il est gentil, ce petit-là ! s'écrie une femme, au seuil de la boutique. Je gage qu'ils meurent de faim, ces malheureux enfants.

C'était la chapelière.

Elle rentre précipitamment, et bientôt Alfred la voit revenir avec une longue tartine de beurre.

— Mon petit ami, dit-elle, est-ce que vous ne mangeriez pas bien cela?

— Pardonnez-moi, madame, très-volontiers, répond le gendarme, ouvrant de grands yeux.

Il enfonce sur sa tête le casque réparé, prend le pain garni de beurre, y donne un premier coup de dent, remercie de l'œil la sensible chapelière, pique des deux et court dans les rangs achever sa tartine.

Les airs de commisération de la bonne femme l'avaient bien un peu offusqué; mais, à seize ans, l'estomac l'emporte sur l'orgueil.

Une des petites misères de la vie d'Alfred, à cette époque, était la plaisanterie beaucoup trop répétée de ceux de ses compagnons d'armes qui avaient le visage barbu.

Ils abordaient notre héros avec un grand sérieux et lui disaient :

— Soyez donc assez aimable pour nous prêter vos rasoirs ?

Alfred bondissait de colère.

Lui emprunter des rasoirs, quelle injure ! à lui qui n'avait pas un traître poil follet sous la lèvre et sur le menton !

Pour en finir avec ces méchants railleurs, il fut obligé de les provoquer en duel. Heureusement, on arrangea l'affaire[1].

[1] Nous tenons cette anecdote de Victor Hugo, qui

Une partie de l'escorte du roi l'accompagna jusqu'à Gand. M. de Vigny fut du nombre de ceux qui ne franchirent pas la frontière. On l'envoya dans la ville d'Amiens, où il resta pendant les Cent-Jours. La résidence de Paris était interdite à tous ceux qui avaient accompagné Louis XVIII. Un ordre sévère les exilait à trente lieues de la capitale.

Nos compagnies rouges ne furent point rétablies au retour définitif des Bourbons, et le jeune comte entra dans la garde royale à pied.

On lui avait défendu le cheval, sous

l'a racontée devant nous, en 1817, ajoutant qu'il y avait chez M. de Vigny un très-beau portrait du redoutable gendarme rouge. « — En vérité, disait l'auteur des *Orientales*, c'est la plus fine et la plus délicate figure de petite fille qui se puisse voir. »

peine de voir sa jambe malade atteinte de paralysie.

La paix régnait d'un bout de l'Europe à l'autre, et les glorieuses espérances d'Alfred s'étaient envolées. Que faire pendant les longues heures de la vie de garnison? Fumer, boire, hanter les estaminets, courir la grisette?

C'était là toute l'occupation des officiers royalistes.

Mais la nature de M. de Vigny, nature délicate, fine, un peu tournée à la mélancolie, répugnait à ces grossiers plaisirs.

Presque toujours à Vincennes ou à Courbevoie, il venait passer aux bibliothèques de la capitale les heures que le service ne lui prenait pas.

Chez lui, l'instinct de la guerre n'était qu'un instinct factice.

Les circonstances l'aveuglaient sur lui-même et l'entraînaient au milieu du tumulte héroïque soulevé par César au commencement de ce siècle.

Dans son âme, chantait une voix mélodieuse, que la grande voix des batailles l'empêchait d'entendre, et que le silence de la paix rendit plus nette et plus distincte.

Il écrivit, en 1815, à l'âge de seize ans, deux morceaux rimés qui ont pour titre : *la Dryade* et *Syméta*. Ce sont des imitations de Théocrite, pleines de candeur et de grâce.

Une fois éveillée, la muse ne s'endormit plus.

Elle inspira, les années suivantes, à M. de Vigny une foule de poésies fugitives, qui tombaient comme des perles de la plume du jeune officier. Les principales sont : *Le Bain d'une dame romaine,* — *le Somnambule,* — *la Femme adultère,* — *la Neige,* — *l'Ode au Malheur,* — *la Fille de Jephté,* — *le Trappiste,* — *la Prison* et *Dolorida.*

Le comte s'inspirait beaucoup de la Bible.

« Je la savais par cœur, dit-il. Ce livre et moi étions tellement inséparables, que, dans les plus longues marches, il me suivait toujours. »

C'est à cette lecture persévérante que nous devons les poëmes du *Déluge*, — de *Moïse* — et d'*Éloa*, d'*Éloa*, l'ange femme et vierge, dont M. de Vigny nous raconte la séraphique histoire.

Éloa soupire au ciel.

On la voit pleurer sur le sort d'un ange, son frère, malheureux et dépouillé de l'éternelle couronne.

Cet ange, elle ne le connaît pas; elle veut le connaître, et s'élance au travers des mondes pour le chercher.

Bientôt elle le trouve.

L'ange déshérité lui parle; mais, hélas! quels discours!

. . . . A sa voix caressante,
Prestige préparé contre une âme innocente,
A ces douces lueurs, au magique appareil
De cet ange si doux, à ses frères pareil,
L'habitante des cieux, de son aile voilée,
Montait en reculant sur la route étoilée,
Comme on voit la baigneuse au milieu des roseaux
Fuir un jeune nageur qu'elle a vu sous les eaux.

Vainement elle tente de regagner le séjour céleste; un œil fascinateur l'oblige à redescendre. Elle écoute encore, et l'ange continue :

« — C'est moi qui fais parler l'épouse dans ses songes ;
« La jeune fille heureuse apprend d'heureux mensonges ;
« Je leur donne des nuits qui consolent des jours ;
« Je suis le roi secret des secrètes amours.

A ce langage maudit, Éloa frissonne, mais ce n'est déjà plus le frisson de l'épouvante. La rougeur colore ses joues, mais ce n'est plus la rougeur de la vertu qui s'indigne.

Et luttant par trois fois contre un regard impur,
Une paupière d'or voila ses yeux d'azur.

Déjà presque soumise au joug de l'esprit sombre,
Elle descend, remonte, et redescend dans l'ombre.

Éloa, sans parler, disait : — Je suis à toi ;
Et l'ange ténébreux dit tout haut : — Sois à moi!

Sois à moi, sois ma sœur ! je t'appartiens moi-même ;
Je t'ai bien méritée, et dès longtemps je t'aime,
Car je t'ai vue un jour. Parmi les fils de l'air
Je me mêlais, voilé comme un soleil d'hiver.

Depuis lors, il a cherché sans cesse à se rapprocher d'elle, explorant les lointains espaces, et la demandant aux voûtes semées d'étoiles.

Éloa ne résiste plus ; elle s'approche et parle à cet ange infortuné, qu'elle plaignait avant de le connaître.

« — Puisque vous êtes beau, vous êtes bon sans doute :
« Car sitôt que des cieux une âme prend la route,
« Comme un saint vêtement, nous voyons sa bonté
« Lui donner en entrant l'éternelle beauté.
« Mais pourquoi vos discours m'inspirent-ils la crainte ?
« Pourquoi sur votre front tant de douleur empreinte ?
« Comment avez-vous pu descendre du saint lieu,
« Et comment m'aimez-vous, si vous n'aimez pas Dieu ? »

Le séducteur se trouble.

Cette voix innocente et pure éveille en

lui comme un remords. Mais ce n'est qu'un éclair. Il insiste, il pleure ; la vierge succombe, elle est perdue.

Des anges au chaos allaient puiser des mondes.
Passant avec terreur dans ses plaines profondes,
Tandis qu'ils remplissaient les messages de Dieu,
Ils ont tous vu tomber un nuage de feu.
Des plaintes de douleur, des réponses cruelles
Se mêlaient dans la flamme au battement des ailes.
— Où me conduisez-vous, bel ange?—Viens toujours.
—Que votre voix est triste, et quel sombre discours!...
N'est-ce pas Éloa qui soulève ta chaîne?
J'ai cru t'avoir sauvé.—Non, c'est moi qui t'entraîne.
— Si nous sommes unis, peu m'importe en quel lieu.
Nomme-moi donc encore ou ta sœur ou ton Dieu!
— J'enlève mon esclave et je tiens ma victime.
—Tu paraissais si bon. Oh! qu'ai-je fait?—Un crime.
—Seras-tu plus heureux, du moins; es-tu content?
— Plus triste que jamais.—Qui donc es-tu?—Satan.

Nous sommes impressionné peut-être autrement que beaucoup d'autres, mais nous regardons *Éloa* comme une des merveilles poétiques de notre siècle.

Il est impossible, selon nous, de tracer avec plus de vérité, de délicatesse et de charme le portrait de ces tendres créatures, que Dieu nous envoie, ici-bas, pour aimer, consoler et bénir.

Seras-tu plus heureux, du moins, es-tu content?

N'est-ce point là toute la femme, et peut-on mieux la peindre dans son angélique et pure essence de dévouement, d'abnégation et d'amour?

Alfred de Vigny a écrit ce poëme avec une plume tombée des ailes d'un archange.

Toutes ses compositions [1] où le senti-

---

[1] *Éloa*, — *Moïse*, — *le Déluge* et *Dolorida* remontent à l'année 1823, bien qu'ils aient été publiés beaucoup plus tard. C'est la seconde période du talent de

ment dramatique s'unit à l'inspiration chaste et féconde, signalent les premiers jours du romantisme.

On trouve au même berceau les œuvres de Chateaubriand, de Lamartine et de M. de Vigny.

Les personnes qui approchent notre poëte ne peuvent étudier sa nature calme et méditative, sans se demander avec surprise comment cet homme, aux mœurs si délicates, à l'esprit si fin et si doux, à l'âme si distinguée et si sensible[1], put croire si obstinément, jadis, à sa vocation guerrière.

M. de Vigny. De 1825 à 1831, il a écrit *Héléna*, — *le Cor*, — *Madame de Soubise*, — *la Frégate*, — *les Amants de Montmorency*, et *Paris*, tableau sublime de la grande cité, où le génie du poëte se développe dans des proportions immenses.

1. Quand on entend parler M. de Vigny, on le lit;

En 1823, cette année même où les beaux vers d'*Éloa* sortirent mélodieux et sonores des sources de son génie, notre soldat poëte demanda comme une grâce d'être incorporé dans la ligne, afin de franchir les Pyrénées avec les bataillons qui allaient faire la guerre d'Espagne.

Mais l'ange de la poésie veillait sur ce cygne imprudent, qui voulait s'exposer aux foudres de Bellone.

Le duc d'Angoulême laissa le régiment du comte de Vigny dans les Pyrénées

quand on le lit, après l'avoir entendu, on croit l'écouter encore. Il commence ordinairement l'entretien sur le ton d'une réserve noble; mais à mesure qu'il parle, il s'abandonne, et l'esprit vient se mettre de la partie; mais un esprit sans méchanceté, sans fiel, et qui vous cause un véritable enchantement.

avec le corps de réserve, et le poëte, au lieu de se battre, fut obligé de tenir compagnie à sa muse au sein des montagnes. Il écrivit, pour tromper son inaction, ce magnifique roman de *Cinq-Mars*, accueilli deux ans plus tard par les applaudissements de toute la France.

M. de Vigny jusqu'alors avait caché ses inclinations poétiques. Aucun des officiers, ses collègues, ne se doutait qu'il fît des vers.

On le voyait bien afficher des goûts de travail, se tenir à l'écart et compulser des livres; mais on croyait que les volumes ouverts sous sa lampe studieuse étaient la *Théorie militaire*, ou quelque traité de Vauban sur l'attaque et la défense des places.

Chose étrange, le comte Alfred de Vigny, garde du corps des rois légitimes, prêt à défendre les Bourbons et leur trône, n'avait de sympathie véritable que pour l'Empire et pour sa splendeur éteinte [1].

Ses amis n'étaient point les jeunes

[1] Nous croyons qu'il a retracé dans *la Canne de jonc* des impressions personnelles et des souvenirs d'enfance. Un de ses parents, chambellan de l'empereur, le conduisait quelquefois à la messe dans la chapelle des Tuileries. « — Quand Napoléon paraissait, dit Alfred, j'étais toujours saisi d'un grand coup; puis je contemplais avec fanatisme cette figure grave et soucieuse. » Un jour l'empereur lui toucha la joue et demanda au chambellan : — « Est-ce à vous ce petit blondin? » A partir de ce moment, Alfred ne vit plus au monde que Napoléon. Du reste, il faut le dire, la légitimité conservait, à cette époque, fort peu de partisans. On entendit plus d'une fois dans les salons du faubourg Saint-Germain des dialogues du genre de celui-ci : « — Avons-nous toujours des Bourbons? — Mais on assure que Monsieur vit encore. — Vrai-

officiers d'antichambre, à l'épaulette musquée, aux mœurs galantes.

Il n'aimait que les vieux de la vieille, ceux qui avaient porté le sac, et dont les moustaches s'étaient rôties, sous le règne de César, au feu de la poudre; il les interrogeait, il écoutait avec enthousiasme les merveilleux épisodes de cette histoire de géants; il ne se croyait ni coupable ni parjure pour élever à nos gloires nationales un autel dans son

ment?... en êtes-vous sûr? — Dame! on l'écrit à M. de X***. » Lorsque le comte d'Artois fit son entrée à Paris, tout le monde le prenait pour Louis XVIII. « — Vive le roi! » criait-on; car on crie toujours en France, et pour tout le monde. « — Mais je ne suis pas le roi, disait le pauvre prince à la foule; le roi va venir, je suis son frère. » Il avait beau protester de toute la force de ses poumons; le peuple ne l'entendait pas; on prenait ses paroles pour des remerciments, et l'on criait de plus belle: « — Vive le roi! ».

cœur, et pour y brûler l'encens le plus pur de son admiration.

L'Empire est la poésie de la guerre; le comte avait toujours vu la guerre en poëte.

Devinant bientôt que la Restauration éterniserait la paix, il se retira du service et se maria. La compagne dont il fit choix est d'une ancienne et noble famille anglaise.

Madame la comtesse de Vigny a un oncle qui est aujourd'hui gouverneur de la Jamaïque.

On nous rapporte à propos de ce mariage un fait assez bizarre.

Au nombre des immeubles accordés en dot à la jeune épouse, se trouve une île considérable, située dans l'Océanie. Le contrat est parfaitement en règle, et l'île appartient à notre poëte en toute propriété.

Seulement, elle est peuplée de sauvages, qui recevraient incongrûment le propriétaire à coups de flèches, le jour où il oserait s'y présenter pour faire valoir ses droits.

Presque immédiatement après son mariage, Alfred de Vigny publia ce beau livre de *Cinq-Mars*, qui, avec la *Notre-Dame* de Victor Hugo, constitue notre seule richesse en fait de romans historiques. Les élucubrations plus ou moins facétieuses, sorties de la fabrique Alexandre Dumas et compagnie, ne viennent pas au talon de ces deux chefs-d'œuvre.

Cinq-Mars, étude solennelle et complète du siècle de Louis XIII, renferme des situations extrêmement attachantes, et du véritable drame, sans galvanisme.

Le caractère du cardinal de Richelieu, surtout, y est tracé de main de maître.

Nous trouvons néanmoins que l'auteur a ménagé les couleurs sombres à ce grand criminel politique. On ne peut jeter trop de honte sur la mémoire du prêtre sanguinaire qui mettait Machiavel à côté de l'Évangile et la hache à côté de la croix.

M. de Vigny a *calomnié* le père Joseph afin d'épargner l'odieux au cardinal (nous soulignons le mot pour montrer qu'il ne peut avoir qu'une médiocre importance appliqué à l'Éminence grise); mais, enfin, le père Joseph, mort en 1638, ne dirigeait certainement point, en 1642, le procès du grand écuyer et de son ami de Thou: Richelieu lui-même donna des ordres au bourreau et regarda mourir ses victimes.

Le roman de notre ancien garde du corps fut traduit presque aussitôt dans toutes les langues de l'Europe.

Vint ensuite une première édition des poëmes. La renommée de M. de Vigny était conquise, et les palmes d'*Éloa* jointes à celles de *Cinq-Mars* se tressèrent sur son front en impérissable couronne.

Il reçut d'Italie, quelque temps après la publication de ses vers, un plâtre de petite dimension, mais grand par l'idée qui lui a donné naissance.

L'auteur d'*Éloa* montre encore aujourd'hui ce plâtre avec orgueil.

C'est une figure empreinte d'une mélancolie douce et céleste, une âme, un ange, un type qui n'a rien de la terre; c'est, en un mot, la pensée du poëte traduite dans son expression la plus aérienne et la plus pure; c'est Éloa elle-même.

Tristement assise et enveloppée de ses grandes ailes, dont elle tient sur ses genoux un tronçon brisé, la sœur des anges pleure sa chute.

Aucune lettre, aucune dédicace n'accompagnait ce gracieux présent, cette louange muette dont M. de Vigny avait le droit d'être fier.

Sur le socle, un nom gravé d'une manière illisible semblait défier toutes les investigations.

Un soir, néanmoins, une princesse italienne put le déchiffrer ; elle apprit au comte qu'il possédait un véritable chant du cygne en statuaire.

L'œuvre était d'un jeune artiste italien, dont le génie avait façonné ce chef-d'œuvre quelques heures avant de mourir. A ce moment suprême, aidé par les vers de l'auteur d'*Éloa* et par ces illuminations qui devancent les ténèbres de la tombe, il avait entrevu quelque chose du ciel.

Quand Alfred de Vigny publia ses poëmes, Lamartine avait déjà publié ses *Méditations*, et Victor Hugo ses *Odes et Ballades*.

Nos trois illustres, qui ne se connaissaient pas, se rencontrèrent, un soir, pour la première fois, dans le salon d'Alexandre Soumet.

Ils s'entretinrent ensemble et se répondirent chacun par leurs propres vers. Cette trinité poétique se faisait écho, et se confondait dans une mutuelle et touchante admiration.

Victor Hugo dit au comte en le quittant :

Je vous répète ici combien j'aime Éloa
Et fratres Eloæ, lucida sidera.

L'armée romantique était alors en bataille sur toute la ligne.

Deux chefs hardis commencèrent le feu, et les vieilles bandes classiques reçurent presque en même temps la mitraille d'*Othello* et les boulets rouges d'*Hernani*.

Ce furent de grands combats et de grands jours.

Alfred de Vigny, général modeste, se défiant de la trempe de sa lame, voulut combattre d'abord avec l'épée de Shakspeare. Hugo, plus intrépide, tira son propre glaive du fourreau, et n'en pourfendit que mieux les phalanges hostiles.

Nous devons l'avouer ici, messieurs les sociétaires de la Comédie-Française ne sont absolument pour rien dans la victoire du romantisme.

Peste! ne les accusez pas d'avoir tressé des lauriers sur le front de la nouvelle muse!

Ils faisaient en conscience tout ce

qu'il était humainement possible de faire pour décider le public à siffler à mort.

Michelot, par exemple, sortant de son armoire, dans *Hernani*, ne manquait jamais de s'approcher de la rampe et de psalmodier le vers suivant sur le ton d'un chantre de paroisse qui bourdonne le *De profundis* :

Croyez-vous donc qu'on soit si bien dans cette armoire?

On sifflait, c'était prévu.

L'acteur, se livrant alors à une mimique expressive, semblait dire au parterre :

— Eh! que voulez-vous? on me condamne à vous débiter cela! Ce n'est pas moi qui ai fait ce vers rocailleux.

Puis il recommençait, ayant soin de

scander chaque syllabe avec plus d'affectation encore. Il s'arrêtait seulement lorsque les sifflets et les clameurs éclataient d'un bout de la salle à l'autre comme une tempête.

Bocage, le grand Bocage, à cette époque révolutionnaire de l'art, était le seul artiste qui prît fait et cause pour les œuvres nouvelles. Quand un signe de réprobation partait de la masse du public, il roulait des yeux étincelants, serrait les poings et frappait du pied avec colère.

Un soir, il alla jusqu'à jeter aux siffleurs cette apostrophe furibonde :

— J'ai des pistolets, messieurs, j'ai des fleurets : j'en ferai usage contre celui qui m'insultera.

Ceci eut lieu à la Porte-Saint-Martin, dans nous ne savons plus quel drame d'Alexandre Dumas.

On devine que les menaces de Bocage obtenaient absolument le même résultat au boulevart que la sournoise déclamation de Michelot à la Comédie-Française.

Le baron Taylor protégea de toute son influence de commissaire royal les débuts de M. de Vigny au théâtre de la rue Richelieu. Alfred et Tony Johannot furent chargés de dessiner pour *Othello* de magnifiques costumes, scrupuleusement empruntés à l'histoire de Venise.

Aucun des acteurs n'en voulut.

Mademoiselle Mars elle-même, repoussant la robe de velours noir des patriciennes, affubla Desdemona d'une robe couleur bleu de ciel.

À part ce léger caprice, elle joua son rôle avec beaucoup de conscience, heureuse enfin de briser les entraves que les nobles héritiers de la littérature de l'Empire imposaient à son talent.

Le jour de la première représentation, les auteurs classiques, Étienne, Andrieux et consorts, s'abordaient dans les couloirs pendant les entr'actes, levaient les mains au plafond avec un air d'admiration railleuse, et s'écriaient :

« — Ah ! que c'est beau, cet Othello !... Mais Yago, c'est bien plus beau ! »

Puis ils se séparaient en miaulant :
« — Yago ! Yago ! »

La pièce avait d'autres adversaires

que ces vieux gamins terribles. Mademoiselle Mars, priant un jour M. de Vigny de regarder par l'œil du rideau, lui fit voir un groupe d'hommes qui se plaçaient au centre du parterre.

— Je les connais, dit-elle au poëte ; ils viennent tous les soirs pour siffler l'oreiller.

Effectivement, lorsque le More se disposait à étouffer Desdemona, il partait de ce groupe des sifflets aigus et des clameurs effrayantes.

« — A bas l'oreiller ! criait-on, c'est indigne ! c'est horrible ! »

Il est certain que le poignard eût été, sinon plus doux, du moins plus conforme aux règles classiques. Ce Shakspeare a des façons de tuer vraiment singulières.

Et le mouchoir ! Vous souvient-il du condamnable mouchoir qui joue un si grand rôle dans le drame vénitien ?

Nous avons vu des gens hurler, trépigner, casser les banquettes, lorsqu'on parlait du mouchoir.

Le mouchoir de Shakspeare les rendait épileptiques.

On écrivait à mademoiselle Mars et à Taylor de charmantes petites lettres, aussi remarquables par l'urbanité que par le style. En voici une que nous avons retrouvée dans les archives du Théâtre-Français :

« Vous êtes absurdes. Prenez garde ! et dites à M. de Vigny de retirer sa pièce, ou il pourra lui en cuire, et à vous aussi. »

Comme bien on le pense, de telles menaces n'intimidèrent personne. *Othello* poursuivit le cours de ses représentations.

Alfred de Vigny ne songeait décidément plus qu'à la gloire littéraire, ce qui surprenait beaucoup certains hommes politiques toujours prêts à manifester leur dédain pour la plume.

— Eh ! comment donc avez-vous sitôt abandonné le service, mon cher comte ? demanda le prince de Polignac, rencontrant le poëte dans un salon.

— Parce que je désespérais de voir le champ de bataille, monseigneur, et que je mourais d'ennui dans votre éternel Champ-de-Mars, répondit l'auteur d'*Othello*.

— Bah ! fit le ministre, qui avait ses

raisons pour être prophète, le Champ-de-Mars touche quelquefois de fort près au champ de bataille!

Il disait vrai.

Deux mois plus tard, Charles X, à l'instigation du prince, signa les ordonnances, et la fusillade éclata sur tous les points de Paris[1].

Notre ancien officier des gardes tira du fond d'une armoire son épée, son uniforme et ses épaulettes, prêt à se rendre auprès du roi, si le roi l'appelait.

---

[1] A la révolution de juillet, M. de Vigny faisait répéter à la Porte-Saint-Martin *le Marchand de Venise*, autre traduction de Shakspeare. Les circonstances arrêtèrent les répétitions, et la pièce ne fut jamais jouée. Tous les Shylock qui entouraient Louis-Philippe s'y opposèrent formellement. Deux siècles après sa mort, Shakspeare fut condamné par la censure dans la personne de son illustre traducteur.

Mais Charles X jugeait sa cause perdue. Il n'appela personne.

Lié très-intimement avec Buchez et quelques autres patriotes du jour, M. de Vigny leur dit, après le départ des rois légitimes :

— Faites-nous donc tout de suite une république; au moins on verra ce que c'est!

Ne désirant en aucune sorte les d'Orléans pour maîtres, il eût volontiers accueilli le système démocratique, dans la conviction où il était que le règne de l'égoïsme bourgeois et le culte du veau d'or allaient déshonorer la France.

Nous verrons bientôt comment il a su flétrir cette époque impure et matérielle, où la probité, la vertu, l'orgueil national, les sentiments artistiques, tout ce qui élève le cœur, tout ce qui agrandit le caractère de l'homme était sacrifié honteusement à un sac d'écus.

Alfred de Vigny fut incorporé, en 1830, dans la garde nationale.

Les bourgeois de son quartier, l'arrachèrent aux bras de sa muse pour le contraindre à leur enseigner l'exercice du fusil et la charge en douze temps.

Sous prétexte qu'il devait connaître la *Théorie militaire,* ils en firent un capitaine instructeur.

En ces heureux jours, la garde nationale était un enthousiasme, un délire, une religion.

Le citoyen Bocage ne quittait plus son costume guerrier. Dès le matin il endossait l'uniforme et ne le dépouillait que le soir. On assure qu'il lui arrivait quelquefois de coucher avec, malgré les représentations hygiéniques de sa famille.

Les autres acteurs de la Porte-Saint-Martin imitaient ce premier consul en perspective, et ne voulaient pas rester au-dessous de son patriotisme.

— N'est-ce pas désolant? murmurait Harel à l'oreille de ses intimes : tous mes cabotins viennent répéter en artilleurs, et je n'ose rien dire; ils me passeraient par les armes! »

Dès avant 1830, le baron Taylor, à la Comédie-Française, était sous l'empire de terreurs aussi vives.

Il n'avait garde de paraître au théâtre, et craignait très-sérieusement un attentat contre ses jours. S'il entendait du bruit dans le voisinage de son domicile, on allait s'informer, par ses ordres, si ce n'était point une révolution d'acteurs.

Constamment il avait dans sa chambre, à portée de la main, des sabres nus et des pistolets chargés.

Alfred de Vigny frappe, un jour, à la porte de Taylor.

Quelle n'est pas sa surprise, en voyant s'ouvrir un guichet solidement grillé, comme celui d'une prison ou d'un monastère! A ce guichet se hasarde le visage effaré du commissaire royal.

— Bon Dieu! s'écrie le poëte, qu'avez-vous? pourquoi ces étranges précautions?

— Ah! mon ami, dit Taylor, on m'assassinerait peut-être, et je m'assure, avant d'ouvrir, que je n'introduis pas un acteur chez moi.

Fatigué d'avoir enseigné le maniement des armes aux marchands de vins et aux bonnetiers de son voisinage, M. de Vigny refusa le grade de chef de bataillon, qu'ils lui offraient dans le transport de leur gratitude. Il les supplia de manœuvrer sans lui, et de vouloir bien lui permettre de reprendre ses chers travaux.

Le 25 juin 1831, il fit jouer *la Maréchale d'Ancre* au théâtre de l'Odéon.

Cette pièce est en drame ce que *Cinq-Mars* est en livre, c'est-à-dire une œuvre richement étudiée comme histoire, conçue avec sagesse, et néanmoins pleine d'intérêt, de nerf et d'action.

Notre poëte, l'année suivante, voulut s'essayer dans un autre genre.

Il composa une petite comédie intitulée : *Quitte pour la peur*, délicieux tableau de mœurs, coloré avec une délicatesse extrême, et que l'on mit tout exprès à l'étude pour le bénéfice de madame Dorval [1].

[1] Ce bénéfice eut lieu à l'Opéra. En 1848, Rose Chéri supplia M. de Vigny, qui n'avait laissé représenter la pièce qu'une seule fois, de la lui donner pour le Gymnase. Elle eut cinquante représentations. A la cinquante et unième, on s'avisa tout à coup d'interdire *Quitte pour la peur*, comme une œuvre attentatoire aux bonnes mœurs: Telle fut l'accusation bizarre portée par la censure de la république contre la plus sage et la plus chaste de nos muses contemporaines.

Alfred de Vigny payait d'avance le digne interprète de son génie.

Stello venait d'être publié, *Stello*, ce livre si vrai, si profondément senti, que toutes les bibliothèques possèdent, et sur lequel nous reviendrons tout à l'heure.

Madame Dorval conseilla au poëte de transporter à la scène l'épisode de *Chatterton*, promettant de jouer Kitty Bell.

La grande actrice tint parole.

On n'a point oublié combien elle fut magnifique dans ce rôle.

Chatterton est le chef-d'œuvre du drame moderne. Joué le 12 février 1835, il obtint un succès d'enthousiasme. Quinze jours durant, les artistes furent rappelés et couverts de fleurs.

Si élégante, si parfaite chez Alfred de Vigny, la forme ne fut pas étrangère au succès de la nouvelle pièce; mais l'admiration publique avait encore une autre cause. Dans cette peinture terible et saisissante de l'égoïsme brutal écrasant le génie, tout le règne de Louis-Philippe était retracé [1]. Le bourgeois insolent et ventru

---

[1] Les hommes de l'ordre de choses se reconnurent et se conjurèrent contre *Chatterton*. John Bell était un type tracé de main de maître, et qui personnifiait l'époque avec ses vices honteux, ses vices mis à nu, dévoilés, analysés sous l'œil du public. Il n'y avait pas moyen de les défendre directement. On prit un détour, on accusa la pièce d'être l'apothéose du suicide. Le signal de l'attaque partit du château, et le *Journal des Débats*, cette feuille sans vergogne vendue à chaque lendemain de triomphe, le *Journal des Débats*, qui résume, depuis quarante ans,

recevait de la main du courageux auteur un soufflet retentissant.

Voilà surtout ce qu'on venait applaudir.

Madame Dorval eut des cris à électriser la salle entière, de ces cris qui vous

les lâchetés de notre histoire, imprima que la pièce de M. de Vigny était immorale, que tout dans ce bas monde était pour le mieux, que quiconque ne faisait pas sa fortune ne pouvait être qu'un homme médiocre, et celui qui mourait de faim, un sot; bref, il soutint que le suicide des artistes et des poëtes n'avait jamais été qu'un acte d'orgueil, une fin méritée. (Voir les *Débats* du 14 février 1835.) Nous devons dire que l'article n'est pas signé JULES JANIN. Aurait-il vraiment refusé de prendre fait et cause pour tous ces *John Bell* stupides, inquiétés dans leurs jouissances de pourceaux, et que l'égoïsme seul excitait contre M. de Vigny, quand ils avaient laissé passer sans obstacle les pièces notoirement immorales d'Alexandre Dumas, *Angèle*, *Antony* et autres? S'il en est ainsi, nous saisissons avec bonheur une des rares occasions qui se présentent de trouver à M. Janin du tact, et le sentiment du juste.

font passer le frisson sous les ongles et vous remuent jusqu'aux dernières fibres du cœur.

Jamais Rachel, aux reprises de *Chatterton*, ne manquait une représentation de la pièce.

On la voyait, seule dans une loge, appuyée, la tête entre ses mains, sur le dossier d'un fauteuil, étudiant les gestes, les regards, les inflexions de Marie Dorval, et ne comprenant pas comment la physionomie, la voix, l'attitude étaient, chez l'admirable actrice, une expressive et perpétuelle traduction du sentiment et de la pensée.

Mademoiselle Rachel, à son retour de New-York, si décidément le décret de

Moscou la laisse partir, à l'intention d'étudier *Desdemona* et *Kitty Bell*.

Mais, pour ce dernier rôle, le souvenir de Dorval l'épouvante.

— Croyez-vous qu'on se souvienne encore de son jeu ? demande-t-elle parfois avec inquiétude.

Oui, certes, on s'en souvient.

Toute notre génération est là, prête à établir le parallèle, et à rendre justice à Hermione, si elle trouve enfin ces élans du cœur, ces vibrations sublimes de l'âme, qui lui ont manqué jusqu'à ce jour, que les leçons d'un professeur ne donnent pas, et que Marie Dorval possédait au degré suprême.

Nous n'avons pas besoin de dire que

la vieille école protesta contre le succès de M. de Vigny.

Tous les fanatiques à perruque, tous les podagres littéraires qui la composent, s'écriaient, huit années plus tard, en complimentant Bocage et madame Dorval, le soir de la représentation de *Lucrèce :*

— A la bonne heure ! nous n'entendrons plus de *Chatterton*, et vos beaux talents cessent d'être au service des abominations romantiques. Enfin nous voilà délivrés des adultères, des viols et des suicides.

Mais, bonnes gens, il y a un viol dans *Lucrèce !*

Vous y trouverez même plusieurs adultères.

Quant aux suicides... eh! comptez donc! il y en a, ma foi, deux! Nous voyons un très-petit nombre de pièces romantiques pourvues d'une aussi riche cargaison de crimes.

Revenons à l'année 1835, à Kitty Bell et à Chatterton.

En vain le *Journal des Débats*, écho soudoyé du château, rendit contre la pièce une sentence injuste; en vain M. Gustave Planche, dans la *Revue des Deux Mondes*, voulut déraciner avec ses ongles de critique le piédestal de M. de Vigny[1], l'enthousiasme des spectateurs ne diminua point, et le Théâtre-

---

[1] La critique est une sorte de vipère, qui, le jour où elle ne peut plus rien mordre, dévore sa propre

Français continua de faire salle pleine.

Au Palais-Bourbon, le suicide du jeune auteur de la *Bataille d'Hastings* troublait l'estomac des ventrus.

Deux illustres députés signalèrent le drame de M. de Vigny, en pleine chambre, comme immoral et dangereux.

Fulchiron et Charlemagne, Charle-

---

queue. Alfred de Vigny, personne ne l'ignore, est un des premiers écrivains qui ont transformé la *Revue des Deux Mondes*. Elle lui doit son succès. M. Gustave Planche n'est entré à cette *Revue* que sous la tutelle de l'auteur de *Cinq-Mars*; M. Gustave Planche n'aurait jamais écrit une ligne sans les conseils de M. de Vigny. L'ingratitude était si flagrante, et l'article souleva tant de réprobation dans le monde des lettres, que M. Buloz épouvanté donna des ordres à un autre rédacteur, et le journal fit à M. de Vigny l'amende honorable la plus humble.

magne et Fulchiron se succédaient à la tribune. C'était à qui, de Charlemagne ou de Fulchiron, de Fulchiron ou de Charlemagne, tonnerait avec plus de colère contre la malheureuse pièce.

Un jour, Fulchiron s'écria :

— « Oui, messieurs, oui, pendant que nous nous occupons de budget, de chemins de fer et de canaux, l'on joue chaque soir sur le premier théâtre du royaume, sur un théâtre subventionné par l'État, le drame le plus indigne et le plus pervers. Oui, messieurs ! on y voit un jeune homme dévoré....

— « Ah ! l'horreur ! » cria la gauche en éclatant de rire.

Fulchiron dont la voix se desséchait au

feu de l'éloquence, avait perdu souffle à ce mot sinistre.

Il eut recours au verre d'eau sucrée législatif, en permanence sur la tribune, avala deux gorgées, et reprit :

— « Oui, messieurs, dévoré!... (*Oh! oh!*) dévoré d'orgueil!! (*hilarité générale*).

Heureusement les cœurs droits, les âmes éclairées et compatissantes, ne partagèrent point l'opinion des ventrus de Louis-Philippe.

M. de Maillé de la Tour-Landry tira du drame joué à la Comédie-Française une tout autre conséquence.

« Je viens de voir *Chatterton*, écrit-il à l'un des amis de l'auteur. Eh bien, M. de Vigny a raison! Quand un poëte se produit, on doit lui assurer au moins pour un an le pain quotidien, lui donner le temps d'essayer ses forces, de les montrer et de gagner le suffrage public. Je sors de chez mon notaire. J'ai institué, à cet effet, un prix de *quinze cents francs*, que décernera l'Académie. »

D'un seul coup, l'auteur de *Chatterton* fut vengé de l'ordre de choses, des députés du centre, de Gustave Planche et du *Journal des Débats*.

Il était impossible de recueillir un fruit plus doux et plus glorieux de son œuvre.

L'Académie française décerne, tous les deux ans, le prix institué par M. de la Tour-Landry, en sorte que le lauréat reçoit mille écus. Cette somme vient d'être accordée tout récemment à un jeune poëte.

Chatterton clôt l'œuvre dramatique d'Alfred de Vigny.

En 1836, il publia *Servitude et Grandeur militaires*, ouvrage d'une haute portée philosophique, et dont la justesse la plus incontestable appuie les argumentations. Trois épisodes pleins de charme, *Laurette* ou *le Cachet rouge*, — *la Veillée de Vincennes* et la *Canne de jonc*, s'encadrent dans l'idée mère du livre, comme trois diamants dans un cercle d'or.

L'illustre poëte consacre sa vie à soutenir les intérêts des lettres. Toutes les fois que ces intérêts se trouvent menacés, il monte intrépidement sur la brèche pour les défendre.

Un jour, la fille de l'auteur de *la Gageure imprévue* et du *Philosophe sans le savoir* se présente chez M. de Vigny.

Mademoiselle Sedaine était aveugle. Sa pension de douze cents francs, due à la générosité de l'Empereur, et augmentée d'un tiers sous la Restauration, venait d'être réduite à neuf cents francs par un ministre de juillet.

Alfred de Vigny prend la plume, et, dans un opuscule sur la *Propriété littéraire*, adressé, le 15 janvier 1841, à messieurs de la Chambre, il raconte la vie de Sedaine, peint ses travaux, aborde la question générale et propose le remède qui doit, selon lui, mettre un terme à une injustice flagrante.

Que le lendemain de la mort d'un auteur, dit M. de Vigny, la nation devienne propriétaire de ses œuvres, et que le domaine public soit comptable vis-à-vis des héritiers et des descendants de l'écrivain, tant qu'on imprimera son livre, tant qu'il aura des descendants.

Puisque toutes les autres propriétés sont perpétuelles, soyez logiques, et accordez également la perpétuité à l'héritage littéraire.

Voilà le droit, voilà la justice.

On appela le poëte dans les comités de la Chambre, non pour lui demander de nouvelles lumières sur la question, mais pour le traiter de socialiste.

Déjà le mot passait à l'état d'injure. Quand le Palais-Bourbon discuta la loi dérisoire que nos Lycurgues essayèrent de rendre, le protecteur de mademoiselle Sedaine, assis aux tribunes, sentit un bras qui se glissait sous le sien, puis il entendit une voix qui murmurait avec tristesse :

— Eh bien, de Vigny, ne sommes-nous que deux à soutenir l'intérêt des lettres ?

C'était l'auteur d'*Eugénie Grandet*.

Le comte avait connu Balzac à l'époque où celui-ci était encore imprimeur ; il avait reçu la confidence des premiers essais de plume de l'homme qui devait être un jour notre plus grand peintre de mœurs.

Ils se rencontrèrent pour la dernière fois sur la tombe de Charles Nodier.

Passant à Balzac le goupillon, M. de Vigny lui fit un signe qui voulait dire :

— Dès aujourd'hui, nous avons pour vous un fauteuil vacant.

Balzac secoua la tête, et montra le cercueil, avec un geste, que l'auteur d'*Éloa* ne se rappelle jamais sans avoir le frisson. Le grand romancier, souffrant déjà de sa maladie de cœur, faisait comprendre que la mort l'appellerait avant l'Institut.

L'avenir justifia ce pressentiment funèbre.

M. de Vigny était entré à l'Académie française en remplacement d'Étienne.

Son plus grand chagrin, à cette époque, fut de rendre la visite d'usage à Royer-Collard. Il savait avec quelle brutalité le chef de l'école doctrinaire avait reçu Victor Hugo, lorsque celui-ci, deux ans auparavant, s'était porté comme candidat.

Royer-Collard laissa d'abord l'auteur de *Notre Dame de Paris* frapper inutilement à sa porte. Il ne consentit à le recevoir que pour lui dire avec morgue :

— Mon Dieu, monsieur, je suis désolé... je ne connais aucun de vos ouvrages.

— Eh bien, monsieur, répondit Victor

Hugo, je vous les enverrai, si vous voulez bien me le permettre.

Il expédia ses œuvres complètes au chef de la doctrine et retourna lui faire visite, une semaine après.

— J'ai reçu vos livres, lui dit, cette fois, Royer-Collard, avec un redoublement de morgue et de sottise ; mais je ne les ai pas lus. A mon âge, monsieur, on ne lit pas, on relit !

Et il lui tourna le dos avec l'impertinence traditionnelle des hommes politiques envers les poëtes.

Alfred de Vigny connaissait l'anecdote.

Il prit, comme on dit vulgairement,

son courage à deux mains et alla frapper chez Royer-Collard.

On lui ouvre, il donne sa carte, et attend qu'on l'introduise auprès de l'ours doctrinaire.

Celui-ci arrive tout à coup comme un furieux. Ses yeux étincellent; sa face est apoplectique.

— Monsieur! dit-il au visiteur, votre démarche est inutile. Je ne lis rien de ce qui s'imprime depuis trente ans!

— Monsieur, répond le comte avec une dignité calme, si vous ne connaissez pas mes ouvrages, ce n'est pas moi qui vous les enverrai, je vous le jure; mais, ajouta-t-il, gagnant la porte et saluant avec ironie, vous pourrez sans beaucoup de peine vous les procurer en russe.

Les œuvres du poëte venaient d'être traduites à Saint-Pétersbourg.

On ne pouvait plus délicatement et plus poliment traiter un homme de Cosaque dans son propre domicile.

Par bonheur tous les membres de l'Académie n'avaient pas, en littérature, les mêmes opinions que Royer-Collard, et le comte Alfred de Vigny fut élu à une imposante majorité.

Tout d'abord il se montra digne du choix de ses collègues.

Son discours de réception est certainement un des plus admirables que l'Académie ait entendus.

Quelques-uns des plats valets de l'époque lui ayant gratté la nuque, afin d'obtenir une phrase d'éloge en faveur de Louis-Philippe :

— Eh! leur dit le poëte, votre maître n'a-t-il pas assez de la majorité dans les deux chambres, et lui faut-il encore mon suffrage?

Il ne prononça pas même le nom du roi dans sa harangue.

Le comte Molé, chargé de répondre au récipiendaire, trahit sa rancune de la façon la plus maladroite et la plus indécente; il lut son discours d'une voix inintelligible, avec des gestes convulsifs. On le voyait trembler de colère.

Beaucoup d'académiciens et de spectateurs ne voulurent pas l'écouter jusqu'au bout et sortirent, désapprouvant un tel scandale au sein paisible d'une académie.

Le nouvel élu refusa, comme on peut le croire, de se laisser conduire au château par M. Molé.

Ses collègues lui représentèrent en vain que la tradition et l'usage voulaient qu'il portât son discours au roi.

— Je me conformerai à l'usage et à la tradition, répondit-il, et j'irai aux Tuileries, mais avec un autre cornac.... ou sinon, continua-t-il en riant, qu'on me fusille comme le maréchal Ney!

Tous les journaux d'alors prirent la défense du poëte. On le félicita de n'être point descendu aux bassesses de la courtisanerie.

Jamais il ne présenta son discours au roi.

Sous les formes les plus réservées, les plus pacifiques et les plus douces, Alfred de Vigny cache une fermeté digne et inflexible.

Il a pris en main le pavillon des lettres; il le porte haut, sans jamais souffrir qu'on le déshonore.

Avec les esprits sensés, avec les hommes sages, il prétend que l'Académie française est uniquement réservée aux écrivains. Son vote repousse les parasites enrichis dans les fonctions gouvernementales, qui viennent faire parade à l'Institut de leur orgueilleuse nullité, et palpent sans vergogne les honoraires dus aux véritables littérateurs [1].

Ce sont tous ces étranges académiciens qui disent, lors d'une élection :

« —Nous venons de nommer un légitimiste, il nous faut maintenant un orléaniste. »

Le talent littéraire, allons donc! il s'agit bien de cela! Ces messieurs choi-

[1] Néanmoins les hommes politiques échouent quelquefois, témoin le duc de Broglie, que l'Académie des sciences morales et politiques repoussa un beau jour, nonobstant l'importance du fier personnage. — « Quels ouvrages a faits monsieur ? demanda la curieuse Académie. — Mais je ne fais pas de livres, je fais des lois, répondit le duc. — Eh bien, que monsieur en fasse encore! » Sa candidature ne fut pas même discutée. L'Académie continue de faire des livres pour lui et des académiciens sans lui.

sissent des gens qui leur plaisent, avec lesquels ils se rencontrent dans le monde, et vous les entendrez ajouter :

« — Monsieur un tel est riche ; il reçoit toutes les semaines, il donne des bals, des dîners, des concerts ; sa femme est aimable et sa fille très-jolie : nommons monsieur un tel ! »

Comme tous ceux qui ont vu trop de révolutions, l'auteur de *Cinq-Mars* accueillit celle de février avec méfiance.

La comtesse, sa femme, effrayée des manifestations populaires, voulait quitter le territoire.

Mais notre poëte regarde l'émigration comme indigne d'un Français.

Il conduisit madame de Vigny au vieux manoir de Maine-Giraud, propriété de famille située dans la Charente ; puis il revint à Paris, où l'appelaient pour trois mois ses fonctions de directeur de l'Académie française.

Bien que depuis longtemps il ait publié fort peu de chose [1], Alfred de Vigny travaille sans cesse ; mais on n'aura probablement qu'après sa mort ce qu'il

---

[1] En 1843, il donna seulement ses *Poëmes philosophiques* à la *Revue des Deux-Mondes*, et jeta au feu la seconde partie de *Stello*, alors entièrement terminée, mais dont il n'était pas satisfait comme conclusion philosophique. Ce livre était payé par la *Revue*; M. de Vigny rendit l'argent à Buloz. Il condamne ainsi toutes celles de ses œuvres qui ne lui semblent pas avoir un but moral évident, et en quelque sorte palpable. On assure qu'il a déjà brûlé plus de trente volumes.

juge à propos de conserver au public, parmi les créations de ses nuits laborieuses.

Il sculpte ses œuvres, comme Benevenuto Cellini sculptait l'or et l'argent confié à ses mains sublimes.

Nous avons annoncé que nous reparlerions de *Stello*. Ce livre donne la pensée de M. de Vigny tout entière, et, si nous pouvons nous exprimer de la sorte, il est sa règle de conduite, sa philosophie, sa conviction, sa foi.

Chaque poëte, ici-bas, peut dire avec le Christ :

« Mon royaume n'est pas de ce monde. »

Stello nous fait voir trois muses écrasées sous les trois formes de gouvernement qu'adoptent les peuples :

La muse de Gilbert sous la monarchie absolue ;

Celle de Chatterton sous le régime constitutionnel ;

Et enfin, sous la république, celle d'André Chénier.

Soyez-en sûrs, les puissances de la terre, quelles qu'elles soient, prendront toujours en haine ces natures délicates et rêveuses, qui hantent les hautes régions et parlent du ciel.

Jamais la matière ne sera sœur de l'esprit, jamais les forces brutales ne donneront loyalement la main aux forces de l'intelligence.

Elles en sont jalouses, elles en ont peur.

Si le hasard, si des événements heureux, si les ressorts même du génie portent le poëte sur un trône de gloire, on le flatte, on l'enivre de parfums, jusqu'au jour où se présente une occasion de miner le piédestal et de renverser l'idole.

Or, cette occasion, que de poëtes l'ont offerte, de nos jours, à leurs ennemis!

Comme eux, l'auteur d'*Éloa* n'est point tombé dans le piége.

L'avez-vous vu descendre de son nuage, traîner ses ailes dans le bourbier terrestre, tendre la joue aux soufflets politiques?

Non, certes.

Pour achever son histoire, il faut citer les beaux vers d'Antoni Deschamps écrits à sa louange :

Alfred, ce n'est pas toi qui voudrais, à ce prix,
T'asseoir à leurs côtés sous de vastes lambris,
Comme un cygne tombé dans un marais immonde,
Souiller ta plume blanche en la fange du monde,
Et mêler, pour la perdre en ce bruyant séjour,
Ta parole immortelle à leur fracas d'un jour !
Non, non, ce n'est point là le poste du poète :
La muse chante au temple, ailleurs elle est muette!
Comme on fait aujourd'hui, toi tu ne voudrais pas
Prostituer ta lyre aux choses d'ici bas ;
Tu l'estimes trop sainte, et, méprisant la ruse,
Tu n'attachas jamais de cocarde à ta muse!

FIN.

J'ai passé ma vie à obéir à mes
voisines aveuglement et une
fois pas aujourd'hui que je résisterai
j'attends votre album et j'y
écrirai les paroles les moins
insignifiantes que je pourrai
trouver dans mes œuvres voyez
ma cousine, que c'est pour moi
un grand plaisir que de vous
être agréable et toujours dévoué

Alfred de Vigny

29 mai
1837

www.ingramcontent.com/pod-product-compliance
Lightning Source LLC
LaVergne TN
LVHW050632090426
835512LV00007B/801